화엄경 제50권(여래출현품) 해설

그때 부처님께서 미간 백호상으로부터 대광명이 쏟아지고, 그 광명으로부터 무수한 광명이 나타나 깨달음을 주시니 그 광명 속에 나타난 성기묘덕보살이 찬송하였다.

"正覺功德大智出 ∽ 世間尊導願顯示"

하고 말이다. (4-9p)

그때 부처님의 입에서 無礙無畏의 백천억 아승지 광명을 놓으니 온 세계가 한 통속이 되어 모여들었다. 그때 성기묘덕보살이 보현보살게 물었다.

"부처님께서 광대한 신통변화를 나투어 보살들을 환희롭게 하고 있는데도 어찌하여 보살들은 이를 알지 못하나이까?"

"그것은 불가사의한 신통이 모두 하나의 성품 가운데서 나타나기 때문이다."

하고 여래의 出現之法에 대하여 듣고(pp.10~17) 성기묘덕보살이 찬송하였다.

"善哉無礙大智慧 ∽ 如來出現廣大法"

하고 말이다.(pp.17~23)

그때 보현보살이 비유를 들어 여래의 무량법에 대하여 설하고(pp.23~61) 거듭 노래한다.

"十力大雄最無上 ∽ 無譬喩中說其譬"

하고 말이다.(pp.61~83)

그리고 어떻게 여래의 정등각신을 볼 수 있는지 역시 비유를 들어 설명한 뒤(pp.83~94) 여래의 적집일체공덕광 속에 나타난 여래의 10상에 대해서 구체적으로 설명하고(pp.84~115), 거듭 노래한다.

"譬如虛空徧十方 ∽ 非是善逝心棄捨"

하고 말이다.(pp.115~127)

如來出現品 第三十七之
여래출현품 제삼십칠지

爾時世尊從眉間白毫相
이시세존종미간백호상

中放大光明名如來出現無
중방대광명명여래출현무

量百千億那由他阿僧祇光
량백천억나유타아승기광

明以爲眷屬其光普照十方
명이위권속기광보조시방

盡虛空法界一切世界右遶
진허공법계일체세계우요

十帀顯現如來無量自在覺
십잡현현여래무량자재각

悟(오)無(무)數(수)諸(제)菩(보)薩(살)衆(중)震(진)動(동)一(일)切(체)

十(시)方(방)世(세)界(계)除(제)滅(멸)一(일)切(체)諸(제)惡(악)道(도)

苦(고)暎(영)蔽(폐)一(일)切(체)諸(제)魔(마)宮(궁)殿(전)顯(현)示(시)

一(일)切(체)諸(제)佛(불)如(여)來(래)坐(좌)菩(보)提(리)座(좌)成(성)

等(등)正(정)覺(각)及(급)以(이)一(일)切(체)菩(보)薩(살)衆(중)會(회)

作(작)是(시)事(사)已(이)而(이)來(래)右(우)遶(요)菩(보)薩(살)衆(중)

會(회)入(입)如(여)來(래)性(성)起(기)妙(묘)德(덕)菩(보)薩(살)頂(정)

時(시)此(차)道(도)場(량)一(일)切(체)大(대)衆(중)身(신)心(심)踊(용)

躍(약)生(생)大(대)歡(환)喜(희)作(작)如(여)是(시)念(념)甚(심)奇(기)

希(희)有(유)今(금)者(자)如(여)來(래)放(방)大(대)光(광)明(명)必(필)

當(당)演(연)說(설)甚(심)深(심)大(대)法(법)爾(이)時(시)如(여)來(래)

性(성)起(기)妙(묘)德(덕)菩(보)薩(살)於(어)蓮(연)華(화)座(좌)上(상)

偏(변)袒(단)右(우)肩(견)右(우)遶(요)合(합)掌(장)一(일)心(심)向(향)

佛(불)而(이)說(설)頌(송)言(언)

正覺功德大智出 정각공덕대지출
普達境界到彼岸 보달경계도피안
等於三世諸如來 등어삼세제여래
是故我今恭敬禮 시고아금공경례
已昇無相境界岸 이승무상경계안
而現妙相莊嚴身 이현묘상장엄신
放於離垢千光明 방어이구천광명

破魔軍衆咸令盡 (파마군중함령진)
十方所有諸世界 (시방소유제세계)
悉能震動無有餘 (실능진동무유여)
未曾恐怖一衆生 (미증공포일중생)
善逝威神力如是 (선서위신력여시)
虛空法界性平等 (허공법계성평등)
已能如是而安住 (이능여시이안주)

사경의 공덕은 십만억 부처님께 공양한 것과 같은 공덕이 있습니다.

一切含生無數量
일체함생무수량

咸令滅惡除衆垢
함령멸악제중구

苦行勤勞無數劫
고행근노무수겁

成就最上菩提道
성취최상보리도

於諸境界智無礙
어제경계지무애

與一切佛同其性
여일체불동기성

導師放此大光明
도사방차대광명

震動十方諸世界
진동시방제세계

已現無量神通力
이현무량신통력

而復還來入我身
이부환래입아신

決定法中能善學
결정법중능선학

無量菩薩皆來集
무량보살개래집

令我發起問法心
령아발기문법심

是故我今請法王
시고아금청법왕

今此衆會皆清淨
금차중회개청정

善能度脫諸世間
선능도탈제세간

智慧無邊無染着
지혜무변무염착

如是賢勝咸來集
여시현승함래집

利益世間尊導師
이익세간존도사

智慧精進皆無量
지혜정진개무량

今以光明照大衆
금이광명조대중

令我問於無上法 (영아문어무상법)
誰於大仙深境界 (수어대선심경계)
而能眞實具開演 (이능진실구개연)
誰是如來法長子 (수시여래법장자)
世間尊導願顯示 (세간존도원현시)
爾時如來卽於口中放大 (이시여래즉어구중방대)
光明名無礙無畏百千億阿 (광명명무애무외백천억아)

僧(승) 祇(기) 光(광) 明(명) 以(이) 爲(위) 眷(권) 屬(속) 普(보) 照(조) 十(시)
方(방) 盡(진) 虛(허) 空(공) 等(등) 法(법) 界(계) 一(일) 切(체) 世(세) 界(계)
右(우) 遶(요) 十(십) 帀(잡) 顯(현) 現(현) 如(여) 來(래) 種(종) 種(종) 自(자)
在(재) 開(개) 悟(오) 無(무) 量(량) 諸(제) 菩(보) 薩(살) 衆(중) 震(진) 動(동)
一(일) 切(체) 十(시) 方(방) 世(세) 界(계) 除(제) 滅(멸) 一(일) 切(체) 諸(제)
惡(악) 道(도) 苦(고) 暎(영) 蔽(폐) 一(일) 切(체) 諸(제) 魔(마) 宮(궁) 殿(전)
顯(현) 示(시) 一(일) 切(체) 諸(제) 佛(불) 如(여) 來(래) 坐(좌) 菩(보) 提(리)

座(좌) 成(성) 等(등) 正(정) 覺(각) 及(급) 以(이) 一(일) 切(체) 道(도) 場(장)
衆(중) 會(회) 作(작) 是(시) 事(사) 已(이) 而(이) 來(래) 右(우) 遶(요) 菩(보)
薩(살) 衆(중) 會(회) 入(입) 普(보) 賢(현) 菩(보) 薩(살) 摩(마) 訶(하) 薩(살)
口(구) 其(기) 光(광) 入(입) 已(이) 普(보) 賢(현) 菩(보) 薩(살) 身(신) 及(급)
師(사) 子(자) 座(좌) 過(과) 於(어) 本(본) 時(시) 及(급) 諸(제) 菩(보) 薩(살)
身(신) 座(좌) 百(백) 倍(배) 唯(유) 除(제) 如(여) 來(래) 師(사) 子(자) 之(지)
座(좌)

如 여	訶 하	能 능	薩 살	佛 불	問 문	
來 래	薩 살	知 지	皆 개	所 소	普 보	爾 이
應 응	言 언	是 시	生 생	示 시	賢 현	時 시
正 정	佛 불	何 하	歡 환	現 현	菩 보	如 여
等 등	子 자	瑞 서	喜 희	廣 광	薩 살	來 래
覺 각	我 아	相 상	不 불	大 대	摩 마	性 성
示 시	於 어	普 보	可 가	神 신	訶 하	起 기
現 현	往 왕	賢 현	思 사	變 변	薩 살	妙 묘
如 여	昔 석	菩 보	議 의	令 령	言 언	德 덕
是 시	見 견	薩 살	世 세	諸 제	佛 불	菩 보
廣 광	諸 제	摩 마	莫 막	菩 보	子 자	薩 살

大(대)神(신)變(변)卽(즉)說(설)如(여)來(래)出(출)現(현)法(법)門(문)

如(여)我(아)惟(유)忖(촌)今(금)現(현)此(차)相(상)當(당)說(설)其(기)

法(법)說(설)是(시)語(어)時(시)一(일)切(체)大(대)地(지)悉(실)皆(개)

震(진)動(동)出(출)生(생)無(무)量(량)問(문)法(법)光(광)明(명)時(시)

性(성)起(기)妙(묘)德(덕)菩(보)薩(살)問(문)普(보)賢(현)菩(보)薩(살)

言(언)佛(불)子(자)菩(보)薩(살)摩(마)訶(하)薩(살)應(응)云(운)何(하)

知(지)諸(제)佛(불)如(여)來(래)應(응)正(정)等(등)覺(각)出(출)現(현)

之지 法법 願원 爲위 我아 說설

佛불 子자 此차 諸제 無무 量량 百백 千천 億억 那나

由유 他타 菩보 薩살 衆중 會회 皆개 久구 修수 淨정 業업

念념 慧혜 成성 就취 到도 於어 究구 竟경 大대 莊장 嚴엄

岸안 具구 一일 切체 佛불 威위 儀의 之지 行행 正정 念념

諸제 佛불 未미 曾증 忘망 失실 大대 悲비 觀관 察찰 一일

切체 衆중 生생 決결 定정 了료 知지 諸제 大대 菩보 薩살

神通境界已得諸佛神力所
신통경계이득제불신력소

加能受一切如來妙法具如
가능수일체여래묘법구여

是等無量功德皆已來集
시등무량공덕개이래집

佛子汝已曾於無量百千
불자여이증어무량백천

億那由他佛所承事供養成
억나유타불소승사공양성

就菩薩最上妙行於三昧門
취보살최상묘행어삼매문

皆得自在入一切佛秘密之
개득자재입일체불비밀지

現 현	佛 불	岸 안	隨 수	其 기	如 여	處 처
之 지	子 자	有 유	順 순	所 소	來 래	知 지
法 법	願 원	如 여	佛 불	樂 락	神 신	諸 제
身 신	說 설	是 시	智 지	爲 위	力 력	佛 불
相 상	如 여	等 등	演 연	說 설	所 소	法 법
言 언	來 래	無 무	說 설	眞 진	加 가	斷 단
音 음	應 응	量 량	佛 불	實 실	知 지	衆 중
心 심	正 정	功 공	法 법	解 해	衆 중	疑 의
意 의	等 등	德 덕	到 도	脫 탈	生 생	惑 혹
境 경	覺 각	善 선	於 어	之 지	根 근	爲 위
界 계	出 출	哉 재	彼 피	法 법	隨 수	諸 제

所行之行成道轉法輪乃至
示現入般涅槃見聞親近所
生善根如是等事願皆爲說
時如來性起妙德菩薩欲重
明此義向普賢菩薩而說頌
曰
善哉無礙大智慧

善覺無邊平等境
선각무변평등경

願說無量佛所行
원설무량불소행

佛子聞已皆欣慶
불자문이개흔경

菩薩云何隨順入
보살운하수순입

諸佛如來出興世
제불여래출흥세

云何身語心境界
운하신어심경계

及所行處願皆說
급소행처원개설

云何諸佛成正覺 (운하제불성정각)
云何如來轉法輪 (운하여래전법륜)
云何善逝般涅槃 (운하선서반열반)
大衆聞已心歡喜 (대중문이심환희)
若有見佛大法王 (약유견불대법왕)
親近增長諸善根 (친근증장제선근)
願說彼諸功德藏 (원설피제공덕장)

衆生見已何所獲 (중생견이하소획)
若有得聞如來名 (약유득문여래명)
若現在世若涅槃 (약현재세약열반)
於彼福藏生深信 (어피복장생심신)
有何等利願宣說 (유하등리원선설)
此諸菩薩皆合掌 (차제보살개합장)
瞻仰如來仁及我 (첨앙여래인급아)

大功德海之境界
대공덕해지경계

淨衆生者願爲說
정중생자원위설

願以因緣及譬喩
원이인연급비유

演說妙法相應義
연설묘법상응의

衆生聞已發大心
중생문이발대심

疑盡智淨如虛空
의진지정여허공

如徧一切國土中
여변일체국토중

諸佛所現莊嚴身
제불소현장엄신

願以妙音及因喩
원이묘음급인유

示佛菩提亦如彼
시불보리역여피

十方千萬諸佛土
시방천만제불토

億那由他無量劫
억나유타무량겁

如今所集菩薩衆
여금소집보살중

於彼一切悉難見
어피일체실난견

此諸菩薩咸恭敬 (차제보살함공경)
於微妙義生渴仰 (어미묘의생갈앙)
願以淨心具開演 (원이정심구개연)
如來出現廣大法 (여래출현광대법)
爾時普賢菩薩摩訶薩告 (이시보현보살마하살고)
如來性起妙德等諸菩薩大 (여래성기묘덕등제보살대)
衆言佛子此處不可思議所 (중언불자차처불가사의소)

心 심	去 거	而 이	就 취	非 비	而 이	謂 위
所 소	無 무	得 득	以 이	以 이	得 득	如 여
成 성	量 량	成 성	十 십	一 일	出 출	來 래
故 고	攝 섭	就 취	無 무	事 사	現 현	應 응
過 과	受 수	何 하	量 량	如 여	何 하	正 정
去 거	一 일	等 등	百 백	來 래	以 이	等 등
無 무	切 체	爲 위	千 천	出 출	故 고	覺 각
量 량	衆 중	十 십	阿 아	現 현	非 비	以 이
清 청	生 생	所 소	僧 승	而 이	以 이	無 무
淨 정	菩 보	謂 위	祇 기	得 득	一 일	量 량
殊 수	提 리	過 과	事 사	成 성	緣 연	法 법

無 무	諸 제	厭 염	故 고	故 고	護 호	勝 승
量 량	佛 불	足 족	過 과	過 과	一 일	志 지
智 지	教 교	所 소	去 거	去 거	切 체	樂 락
慧 혜	化 화	成 성	無 무	無 무	衆 중	所 소
方 방	衆 중	故 고	量 량	量 량	生 생	成 성
便 편	生 생	過 과	修 수	相 상	大 대	故 고
淸 청	所 소	去 거	諸 제	續 속	慈 자	過 과
淨 정	成 성	無 무	福 복	行 행	大 대	去 거
道 도	故 고	量 량	智 지	願 원	悲 비	無 무
所 소	過 과	供 공	心 심	所 소	所 소	量 량
成 성	去 거	養 양	無 무	成 성	成 성	救 구

사경의 공덕은 십만억 부처님께 공양한 것과 같은 공덕이 있습니다.

故過去無量清淨功德藏所
고과거무량청정공덕장소

成故過去無量莊嚴道智所
성고과거무량장엄도지소

成故過去無量通達法義所
성고과거무량통달법의소

成故佛子如是無量阿僧祇
성고불자여시무량아승기

法門圓滿成於如來
법문원만성어여래

佛子譬如三千大千世界
불자비여삼천대천세계

非以一緣非以一事而得成
비이일연비이일사이득성

莊 장	立 립	名 명	何 하	四 사	成 성	就 취
嚴 엄	建 건	能 능	一 일	種 종	所 소	以 이
莊 장	立 립	消 소	名 명	風 풍	謂 위	無 무
嚴 엄	一 일	能 능	能 능	輪 륜	興 흥	量 량
分 분	切 체	消 소	持 지	相 상	布 포	緣 연
布 포	諸 제	大 대	能 능	續 속	大 대	無 무
咸 함	處 처	水 수	持 지	爲 위	雲 운	量 량
善 선	所 소	故 고	大 대	依 의	降 강	事 사
巧 교	故 고	三 삼	水 수	其 기	霔 주	方 방
故 고	四 사	名 명	故 고	四 사	大 대	乃 내
如 여	名 명	建 건	二 이	者 자	雨 우	得 득

是皆由衆生共業及諸菩薩
시개유중생공업급제보살

善根所起令於其中一切衆
선근소기영어기중일체중

生各隨所宣而得受用佛子
생각수소선이득수용불자

如是等無量因緣乃成三千
여시등무량인연내성삼천

大千世界法性如是無有生
대천세계법성여시무유생

者無有作者無有知者無有
자무유작자무유지자무유

成者然彼世界而得成就如
성자연피세계이득성취여

念 염	種 종	大 대	謂 위	因 인	非 비	來 래
持 지	大 대	法 법	曾 증	緣 연	以 이	出 출
不 불	智 지	雲 운	於 어	無 무	一 일	現 현
忘 망	風 풍	雨 우	過 과	量 량	事 사	亦 역
陀 다	輪 륜	因 인	去 거	事 사	而 이	復 부
羅 라	何 하	此 차	佛 불	相 상	得 득	如 여
尼 니	等 등	能 능	所 소	乃 내	成 성	是 시
大 대	爲 위	起 기	聽 청	得 득	就 취	非 비
智 지	四 사	如 여	聞 문	成 성	以 이	以 이
風 풍	一 일	來 래	受 수	就 취	無 무	一 일
輪 륜	者 자	四 사	持 지	所 소	量 량	緣 연

一 일	莊 장	善 선	迴 회	消 소	二 이	能 능
切 체	嚴 엄	根 근	向 향	竭 갈	者 자	持 지
衆 중	大 대	故 고	大 대	一 일	出 출	一 일
生 생	智 지	四 사	智 지	切 체	生 생	切 체
善 선	風 풍	者 자	風 풍	煩 번	止 지	如 여
根 근	輪 륜	出 출	輪 륜	惱 뇌	觀 관	來 래
清 청	令 영	生 생	能 능	故 고	大 대	大 대
淨 정	過 과	離 이	成 성	三 삼	智 지	法 법
成 성	去 거	垢 구	就 취	者 자	風 풍	雲 운
就 취	所 소	差 차	一 일	善 선	輪 륜	雨 우
如 여	化 화	別 별	切 체	巧 교	能 능	故 고

來(래) 無(무) 漏(루) 善(선) 根(근) 力(력) 故(고)

如(여) 來(래) 如(여) 是(시) 成(성) 等(등) 正(정) 覺(각) 法(법) 性(성)

如(여) 是(시) 無(무) 生(생) 無(무) 作(작) 而(이) 得(득) 成(성) 就(취) 佛(불)

子(자) 是(시) 爲(위) 如(여) 來(래) 應(응) 正(정) 等(등) 覺(각) 出(출) 現(현)

第(제) 一(일) 相(상) 菩(보) 薩(살) 摩(마) 訶(하) 薩(살) 應(응) 如(여) 是(시)

知(지) 復(부) 次(차) 佛(불) 子(자) 譬(비) 如(여) 三(삼) 千(천) 大(대) 千(천)

世(세) 界(계) 將(장) 欲(욕) 成(성) 時(시) 大(대) 雲(운) 降(강) 雨(우) 名(명)

曰(왈) 洪(홍) 霔(주) 一(일) 切(체) 方(방) 處(처) 所(소) 不(불) 能(능) 受(수)

所(소) 不(불) 能(능) 持(지) 唯(유) 除(제) 大(대) 千(천) 界(계) 將(장) 欲(욕)

成(성) 時(시) 佛(불) 子(자) 如(여) 來(래) 應(응) 正(정) 等(등) 覺(각) 亦(역)

復(부) 如(여) 是(시) 興(흥) 大(대) 法(법) 雲(운) 雨(우) 大(대) 法(법) 雨(우)

名(명) 成(성) 就(취) 如(여) 來(래) 出(출) 現(현) 一(일) 切(체) 二(이) 乘(승)

心(심) 志(지) 狹(협) 劣(열) 所(소) 不(불) 能(능) 受(수) 所(소) 不(불) 能(능)

持(지) 唯(유) 除(제) 諸(제) 大(대) 菩(보) 薩(살) 心(심) 相(상) 續(속) 力(력)

佛子是爲如來應正等覺出
불자시위여래응정등각출

現第二相菩薩摩訶薩應如
현제이상보살마하살응여

是知復次佛子譬如衆生以
시지부차불자비여중생이

業力故大雲降雨來無所從
업력고대운강우래무소종

去無所至如來應正等覺亦
거무소지여래응정등각역

復如是以諸菩薩善根力故
부여시이제보살선근력고

興大法雲雨大法雨亦無所
흥대법운우대법우역무소

界 계	欲 욕	世 세	子 자	薩 살	來 래	從 종
主 주	算 산	界 계	譬 비	摩 마	應 응	來 래
摩 마	計 계	一 일	如 여	訶 하	正 정	無 무
醯 혜	徒 도	切 체	大 대	薩 살	等 등	所 소
首 수	令 령	衆 중	雲 운	應 응	覺 각	至 지
羅 라	發 발	生 생	降 강	如 여	出 출	去 거
以 이	狂 광	無 무	霔 주	是 시	現 현	佛 불
過 과	唯 유	能 능	大 대	知 지	第 제	子 자
去 거	大 대	知 지	雨 우	復 부	三 삼	是 시
所 소	千 천	數 수	大 대	次 차	相 상	爲 위
修 수	世 세	若 약	千 천	佛 불	菩 보	如 여

善根力故乃至一滴無不明
선근력고내지일적무불명

了
료

佛子如來應正等覺亦復
불자여래응정등각역부

如是興大法雲雨大法雨一
여시흥대법운우대법우일

切衆生聲聞獨覺所不能知
체중생성문독각소불능지

若欲思量心必狂亂唯除一
약욕사량심필광란유제일

切世間主菩薩摩訶薩以過
체세간주보살마하살이과

去所修覺慧力故乃至一文
거소수각혜력고내지일문

一句入衆生心無不明了佛
일구입중생심무불명료불

子是爲如來應正等覺出現
자시위여래응정등각출현

第四相菩薩摩訶薩應如是
제사상보살마하살응여시

知復次佛子譬如大雲降雨
지부차불자비여대운강우

之時有大雲雨名爲能滅能
지시유대운우명위능멸능

滅火災有大雲雨名爲能起
멸화재유대운우명위능기

사경의 공덕은 십만억 부처님께 공양한 것과 같은 공덕이 있습니다.

有 유	復 부	大 대	大 대	能 능	止 지	能 능
大 대	如 여	千 천	雲 운	成 성	能 능	起 기
法 법	是 시	世 세	雨 우	能 능	止 지	大 대
雨 우	興 흥	界 계	名 명	成 성	大 대	水 수
名 명	大 대	佛 불	爲 위	一 일	水 수	有 유
爲 위	法 법	子 자	分 분	切 체	有 유	大 대
能 능	雲 운	如 여	別 별	摩 마	大 대	雲 운
滅 멸	雨 우	來 래	分 분	尼 니	雲 운	雨 우
能 능	大 대	出 출	別 별	諸 제	雨 우	名 명
滅 멸	法 법	現 현	三 삼	寶 보	名 명	爲 위
一 일	雨 우	亦 역	千 천	有 유	爲 위	能 능

生 생	法 법	成 성	衆 중	大 대	能 능	切 체
心 심	雨 우	能 능	生 생	法 법	起 기	衆 중
樂 락	名 명	成 성	見 견	雨 우	能 능	生 생
佛 불	爲 위	一 일	惑 혹	名 명	起 기	煩 번
子 자	分 분	切 체	有 유	爲 위	一 일	惱 뇌
是 시	別 별	智 지	大 대	能 능	切 체	有 유
爲 위	分 분	慧 혜	法 법	止 지	衆 중	大 대
如 여	別 별	法 법	雨 우	能 능	生 생	法 법
來 래	一 일	寶 보	名 명	止 지	善 선	雨 우
應 응	切 체	有 유	爲 위	一 일	根 근	名 명
正 정	衆 중	大 대	能 능	切 체	有 유	爲 위

等覺出現第五相菩薩摩訶
등각출현제오상보살마하

薩應如是知復次佛子譬如
살응여시지부차불자비여

大雲雨一味水隨其所雨無
대운우일미수수기소우무

量差別如來出現亦復如是
량차별여래출현역부여시

雨於大悲一味法水隨宜說
우어대비일미법수수의설

法無量差別佛子是爲如來
법무량차별불자시위여래

應正等覺出現第六相菩薩
응정등각출현제육상보살

摩訶薩應如是知復次佛子
마하살응여시지부차불자

譬如三千大千世界初始成
비여삼천대천세계초시성

時先成色界諸天宮殿次成
시선성색계제천궁전차성

欲界諸天宮殿次成於人及
욕계제천궁전차성어인급

餘衆生諸所住處佛子如來
여중생제소주처불자여래

出現亦復如是先起菩薩諸
출현역부여시선기보살제

行智慧次起緣覺諸行智慧
행지혜차기연각제행지혜

佛 불	味 미	宮 궁	水 수	智 지	起 기	次 차
子 자	法 법	殿 전	隨 수	慧 혜	其 기	起 기
是 시	雨 우	種 종	諸 제	佛 불	餘 여	聲 성
爲 위	隨 수	種 종	衆 중	子 자	衆 중	聞 문
如 여	衆 중	不 부	生 생	譬 비	生 생	善 선
來 래	生 생	同 동	善 선	如 여	有 유	根 근
應 응	器 기	如 여	根 근	大 대	爲 위	諸 제
正 정	而 이	來 래	異 이	雲 운	善 선	行 행
等 등	有 유	大 대	故 고	雨 우	根 근	智 지
覺 각	差 차	悲 비	所 소	一 일	諸 제	慧 혜
出 출	別 별	一 일	起 기	味 미	行 행	次 차

現(현) 第(제) 七(칠) 相(상) 菩(보) 薩(살) 摩(마) 訶(하) 薩(살) 應(응) 如(여)
是(시) 知(지) 復(부) 次(차) 佛(불) 子(자) 譬(비) 如(여) 世(세) 界(계) 初(초)
欲(욕) 成(성) 時(시) 有(유) 大(대) 水(수) 生(생) 徧(변) 滿(만) 三(삼) 千(천)
大(대) 千(천) 世(세) 界(계) 生(생) 大(대) 蓮(연) 華(화) 名(명) 如(여) 來(래)
出(출) 現(현) 功(공) 德(덕) 寶(보) 莊(장) 嚴(엄) 徧(변) 覆(부) 水(수) 上(상)
光(광) 照(조) 十(시) 方(방) 一(일) 切(체) 世(세) 界(계) 時(시) 摩(마) 醯(혜)
首(수) 羅(라) 淨(정) 居(거) 天(천) 等(등) 見(견) 是(시) 華(화) 已(이) 卽(즉)

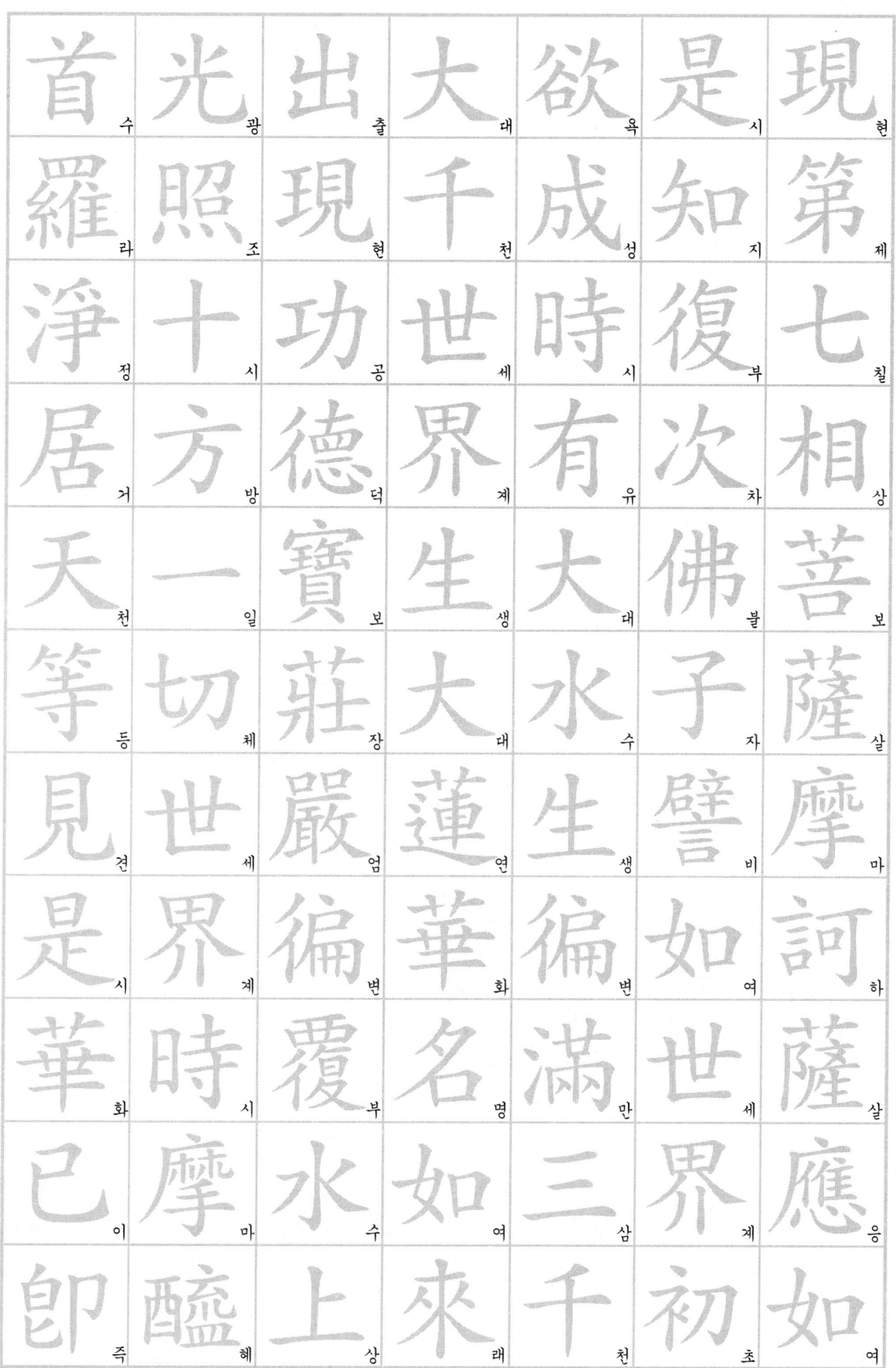

決(결)定(정)知(지)於(어)此(차)劫(겁)中(중)有(유)爾(이)所(소)佛(불)
出(출)興(흥)于(우)世(세)佛(불)子(자)爾(이)時(시)其(기)中(중)有(유)
風(풍)輪(륜)起(기)名(명)善(선)淨(정)光(광)明(명)能(능)成(성)色(색)
界(계)諸(제)天(천)宮(궁)殿(전)有(유)風(풍)輪(륜)起(기)名(명)淨(정)
光(광)莊(장)嚴(엄)能(능)成(성)欲(욕)界(계)諸(제)天(천)宮(궁)殿(전)
有(유)風(풍)輪(륜)起(기)名(명)堅(견)密(밀)無(무)能(능)壞(괴)能(능)
成(성)大(대)小(소)輪(륜)圍(위)山(산)及(급)金(금)剛(강)山(산)

香 향	眞 진	魔 마	陀 타	十 십	山 산	有 유
山 산	隣 린	山 산	羅 라	大 대	王 왕	風 풍
雪 설	陀 타	持 지	山 산	山 산	有 유	輪 륜
山 산	山 산	雙 쌍	仙 선	王 왕	風 풍	起 기
有 유	摩 마	山 산	人 인	何 하	輪 륜	名 명
風 풍	訶 가	尼 니	山 산	等 등	起 기	勝 승
輪 륜	目 목	民 민	伏 복	爲 위	名 명	高 고
起 기	眞 진	陀 타	魔 마	十 십	不 부	能 능
名 명	隣 인	羅 라	山 산	所 소	動 동	成 성
爲 위	陀 타	山 산	大 대	謂 위	能 능	須 수
安 안	山 산	目 목	伏 복	佉 구	成 성	彌 미

尼 니	藏 장	切 체	盡 진	乾 건	莊 장	住 주
寶 보	能 능	大 대	藏 장	闥 달	嚴 엄	能 능
有 유	成 성	海 해	能 능	婆 바	能 능	成 성
風 풍	三 삼	有 유	成 성	宮 궁	成 성	大 대
輪 륜	千 천	風 풍	三 삼	殿 전	地 지	地 지
起 기	大 대	輪 륜	千 천	有 유	天 천	有 유
名 명	千 천	起 기	大 대	風 풍	宮 궁	風 풍
堅 견	世 세	名 명	千 천	輪 륜	殿 전	輪 륜
固 고	界 계	普 보	世 세	起 기	龍 용	起 기
根 근	諸 제	光 광	界 계	名 명	宮 궁	名 명
能 능	摩 마	明 명	一 일	無 무	殿 전	爲 위

사경의 공덕은 십만억 부처님께 공양한 것과 같은 공덕이 있습니다.

成一切諸如意樹佛子大雲
성일체제여의수불자대운

所雨一味之水無有分別以
소우일미지수무유분별이

衆生善根不同故風輪不同
중생선근부동고풍륜부동

風輪差別故世界差別佛子
풍륜차별고세계차별불자

如來出現亦復如是具足一
여래출현역부여시구족일

切善根功德放於無上大智
체선근공덕방어무상대지

光明名不斷如來種不思議
광명명부단여래종부사의

智普照十方一切世界與諸
지보조시방일체세계여제

菩薩一切如來灌頂之記當
보살일체여래관정지기당

成正覺出興於世佛子如來
성정각출흥어세불자여래

出現復有無上大智光明名
출현부유무상대지광명명

清淨離垢能成如來無漏無
청정이구능성여래무루무

盡智復有無上大智光明名
진지부유무상대지광명명

普照能成如來普入法界不
보조능성여래보입법계불

共 공	名 명	無 무	逈 형	動 동	名 명	思 사
法 법	一 일	壞 괴	出 출	力 력	持 지	議 의
一 일	切 체	智 지	無 무	復 부	佛 불	智 지
切 체	神 신	復 부	能 능	有 유	種 종	復 부
智 지	通 통	有 유	壞 괴	無 무	性 성	有 유
智 지	能 능	無 무	能 능	上 상	能 능	無 무
復 부	成 성	上 상	成 성	大 대	成 성	上 상
有 유	如 여	大 대	如 여	智 지	如 여	大 대
無 무	來 래	智 지	來 래	光 광	來 래	智 지
上 상	諸 제	光 광	無 무	明 명	不 불	光 광
大 대	不 불	明 명	畏 외	名 명	傾 경	明 명

名 명	作 작	德 덕	名 명	失 실	來 래	智 지
不 불	饒 요	智 지	普 보	壞 괴	令 령	光 광
可 가	益 익	慧 혜	隨 수	智 지	見 견	明 명
究 구	復 부	之 지	順 순	復 부	聞 문	名 명
竟 경	有 유	身 신	能 능	有 유	親 친	出 출
能 능	無 무	爲 위	成 성	無 무	近 근	生 생
成 성	上 상	一 일	如 여	上 상	所 소	變 변
如 여	大 대	切 체	來 래	大 대	生 생	化 화
來 래	智 지	衆 중	無 무	智 지	善 선	能 능
甚 심	光 광	生 생	盡 진	光 광	根 근	成 성
深 심	明 명	而 이	福 복	明 명	不 불	如 여

사경의 공덕은 십만억 부처님께 공양한 것과 같은 공덕이 있습니다.

妙智隨所開悟令三寶種永
묘지수소개오영삼보종영

不斷絕復有無上大智光明
부단절부유무상대지광명

名種種莊嚴能成如來相好
명종종장엄능성여래상호

嚴身令一切衆生皆生歡喜
엄신영일체중생개생환희

復有無上大智光明名不可
부유무상대지광명명불가

壞能成如來法界虛空界等
괴능성여래법계허공계등

殊勝壽命無有窮盡
수승수명무유궁진

佛(불)子(자)如(여)來(래)大(대)悲(비)一(일)味(미)之(지)水(수)
無(무)有(유)分(분)別(별)以(이)諸(제)衆(중)生(생)欲(욕)樂(락)不(부)
同(동)根(근)性(성)各(각)別(별)而(이)起(기)種(종)種(종)大(대)智(지)
風(풍)輪(륜)令(영)諸(제)菩(보)薩(살)成(성)就(취)如(여)來(래)出(출)
現(현)之(지)法(법)佛(불)子(자)一(일)切(체)如(여)來(래)同(동)一(일)
體(체)性(성)大(대)智(지)輪(륜)中(중)出(출)生(생)種(종)種(종)智(지)
慧(혜)光(광)明(명)佛(불)子(자)汝(여)等(등)應(응)知(지)如(여)來(래)

但 단	得 득	菩 보	如 여	是 시	思 사	於 어
以 이	如 여	薩 살	來 래	如 여	議 의	一 일
諸 제	來 래	不 불	神 신	來 래	種 종	解 해
佛 불	少 소	於 어	力 력	神 신	種 종	脫 탈
威 위	分 분	佛 불	所 소	力 력	功 공	味 미
德 덕	智 지	所 소	造 조	所 소	德 덕	出 출
力 력	慧 혜	曾 증	佛 불	造 조	衆 중	生 생
故 고	無 무	種 종	子 자	佛 불	生 생	無 무
令 영	有 유	善 선	乃 내	子 자	念 염	量 량
諸 제	是 시	根 근	至 지	此 차	言 언	不 불
衆 중	處 처	能 능	一 일	非 비	此 차	可 가

等 등	虛 허	薩 살	等 등	無 무	分 분	生 생
爲 위	空 공	應 응	覺 각	作 작	別 별	具 구
四 사	起 기	如 여	出 출	法 법	無 무	佛 불
一 일	四 사	是 시	現 현	佛 불	成 성	功 공
名 명	風 풍	知 지	第 제	子 자	無 무	德 덕
安 안	輪 륜	復 부	八 팔	是 시	壞 괴	而 이
住 주	能 능	次 차	相 상	爲 위	無 무	佛 불
二 이	持 지	佛 불	菩 보	如 여	有 유	如 여
名 명	水 수	子 자	薩 살	來 래	作 작	來 래
常 상	輪 륜	如 여	摩 마	應 응	者 자	無 무
住 주	何 하	依 의	訶 하	正 정	亦 역	有 유

三名究竟四名堅固此四風
삼명구경사명견고차사풍

輪能持水輪水輪能持大地
륜능지수륜수륜능지대지

令不散壞是故說地輪依水
영불산괴시고설지륜의수

輪水輪依風輪風輪依虛空
륜수륜의풍륜풍륜의허공

虛空無所依雖無所依能令
허공무소의수무소의능령

三千大千世界而得安住佛
삼천대천세계이득안주불

子如來出現亦復如是依無
자여래출현역부여시의무

具 구	護 호	衆 중	喜 희	爲 위	輪 륜	礙 애
一 일	一 일	生 생	大 대	四 사	能 능	慧 혜
切 체	切 체	皆 개	智 지	所 소	持 지	光 광
方 방	衆 중	生 생	風 풍	謂 위	一 일	明 명
便 편	生 생	愛 애	輪 륜	普 보	切 체	起 기
通 통	善 선	樂 락	建 건	攝 섭	衆 중	佛 불
達 달	根 근	大 대	立 립	衆 중	生 생	四 사
無 무	大 대	智 지	正 정	生 생	善 선	種 종
漏 루	智 지	風 풍	法 법	皆 개	根 근	大 대
界 계	風 풍	輪 륜	令 영	令 영	何 하	智 지
大 대	輪 륜	守 수	諸 제	歡 환	等 등	風 풍

智(지) 風(풍) 輪(륜) 是(시) 爲(위) 四(사)

佛(불) 子(자) 諸(제) 佛(불) 世(세) 尊(존) 大(대) 慈(자) 救(구) 護(호)

一(일) 切(체) 衆(중) 生(생) 大(대) 悲(비) 度(도) 脫(탈) 一(일) 切(체) 衆(중)

生(생) 大(대) 慈(자) 大(대) 悲(비) 普(보) 徧(변) 饒(요) 益(익) 然(연) 大(대)

慈(자) 大(대) 悲(비) 依(의) 大(대) 方(방) 便(편) 善(선) 巧(교) 大(대) 方(방)

便(편) 善(선) 巧(교) 依(의) 如(여) 來(래) 出(출) 現(현) 如(여) 來(래) 出(출)

現(현) 依(의) 無(무) 礙(애) 慧(혜) 光(광) 明(명) 無(무) 礙(애) 慧(혜) 光(광)

生 생	水 수	已 이	譬 비	摩 마	應 응	明 명
得 득	族 족	饒 요	如 여	訶 하	正 정	無 무
地 지	衆 중	益 익	三 삼	薩 살	等 등	有 유
饒 요	生 생	無 무	千 천	應 응	覺 각	所 소
益 익	得 득	量 량	大 대	如 여	出 출	依 의
宮 궁	水 수	種 종	千 천	是 시	現 현	佛 불
殿 전	饒 요	種 종	世 세	知 지	第 제	子 자
衆 중	益 익	衆 중	界 계	復 부	九 구	是 시
生 생	陸 육	生 생	旣 기	次 차	相 상	爲 위
得 득	地 지	所 소	成 성	佛 불	菩 보	如 여
宮 궁	衆 중	謂 위	就 취	子 자	薩 살	來 래

殿 전 饒 요 益 익 虛 허 空 공 衆 중 生 생 得 득 虛 허 空 공 饒 요
益 익 如 여 來 래 出 출 現 현 亦 역 復 부 如 여 是 시 種 종 種 종
饒 요 益 익 無 무 量 량 衆 중 生 생 所 소 謂 위 見 견 佛 불 生 생
歡 환 喜 희 者 자 得 득 歡 환 喜 희 益 익 住 주 淨 정 戒 계 者 자
得 득 淨 정 戒 계 益 익 住 주 諸 제 禪 선 定 정 及 급 無 무 量 량
者 자 得 득 聖 성 出 출 世 세 大 대 神 신 通 통 益 익 住 주 法 법
門 문 光 광 明 명 者 자 得 득 因 인 果 과 不 불 壞 괴 益 익 住 주

出 출		菩 보	如 여	益 익	壞 괴	無 무
現 현	佛 불	薩 살	來 래	一 일	益 익	所 소
則 즉	子 자	摩 마	應 응	切 체	是 시	有 유
知 지	菩 보	訶 하	正 정	無 무	故 고	光 광
無 무	薩 살	薩 살	等 등	量 량	說 설	明 명
量 량	摩 마	應 응	覺 각	衆 중	言 언	者 자
知 지	訶 하	如 여	出 출	生 생	如 여	得 득
成 성	薩 살	是 시	現 현	佛 불	來 래	一 일
就 취	知 지	知 지	第 제	子 자	出 출	切 체
無 무	如 여		十 십	是 시	現 현	法 법
量 량	來 래		相 상	爲 위	饒 요	不 불

刹 찰	無 무	故 고	意 의	故 고	故 고	行 행
無 무	我 아	則 즉	識 식	則 즉	則 즉	故 고
有 유	故 고	知 지	故 고	知 지	知 지	則 즉
盡 진	則 즉	平 평	則 즉	無 무	無 무	知 지
故 고	知 지	等 등	知 지	行 행	來 래	廣 광
則 즉	無 무	知 지	無 무	無 무	去 거	大 대
知 지	盡 진	一 일	身 신	所 소	知 지	知 지
無 무	知 지	切 체	知 지	行 행	離 이	周 주
退 퇴	偏 변	衆 중	如 여	知 지	生 생	偏 변
知 지	一 일	生 생	虛 허	離 이	住 주	十 시
盡 진	切 체	皆 개	空 공	心 심	滅 멸	方 방

後際無斷絶故則知無壞知
후제무단절고즉지무괴지

如來智無有對故則知無二
여래지무유대고즉지무지

知平等觀察爲無爲故則知
평등관찰위무위고즉지일

一切衆生皆得饒益本願迴
체중생개득요익본원회향

向自在滿足故
자재만족고

爾時普賢菩薩摩訶薩欲
이시보현보살마하살욕

重明此義而說頌言
중명차의이설송언

사경의 공덕은 십만억 부처님께 공양한 것과 같은 공덕이 있습니다.

十力大雄最無上 (십력대웅최무상)

譬如虛空無等等 (비여허공무등등)

境界廣大不可量 (경계광대불가량)

功德第一超世間 (공덕제일초세간)

十力功德無邊量 (십력공덕무변량)

心意思量所不及 (심의사량소불급)

人中師子一法門 (인중사자일법문)

衆生億劫莫能知 중생억겁막능지

十方國土碎爲塵 시방국토쇄위진

或有算計知其數 혹유산계지기수

如來一毛功德量 여래일모공덕량

千萬億劫無能說 천만억겁무능설

如人持尺量虛空 여인지척량허공

復有隨行計其數 부유수행계기수

虛空邊際不可得
허공변제불가득

如來境界亦如是
여래경계역여시

或有能於剎那頃
혹유능어찰나경

悉知三世衆生心
실지삼세중생심

設經衆生數等劫
설경중생수등겁

不能知佛一念性
불능지불일념성

譬如法界徧一切
비여법계변일체

不可見取爲一切 (불가견취위일체)
十力境界亦復然 (십력경계역부연)
徧於一切非一切 (변어일체비일체)
眞如離妄恒寂靜 (진여이망항적정)
無生無滅普周徧 (무생무멸보주변)
諸佛境界亦復然 (제불경계역부연)
體性平等不增減 (체성평등불증감)

譬如實際而非際 (비여실제이비제)
普在三世亦非普 (보재삼세역비보)
導師如是亦如是 (도사여시역여시)
徧於三世皆無礙 (변어삼세개무애)
法性無作無變易 (법성무작무변역)
猶如虛空本清淨 (유여허공본청정)
諸佛性淨亦如是 (제불성정역여시)

本性非性離有無
본성비성리유무

法性不在於言論
법성부재어언론

無說離說恒寂滅
무설이설항적멸

十力境界性亦然
십력경계성역연

一切文辭莫能辯
일체문사막능변

了知諸法性寂滅
료지제법성적멸

如鳥飛空無有跡
여조비공무유적

以本願力現色身
이 본 원 력 현 색 신

今見如來大神變
금 견 여 래 대 신 변

若有欲知佛境界
약 유 욕 지 불 경 계

當淨其意如虛空
당 정 기 의 여 허 공

遠離妄想及諸取
원 리 망 상 급 제 취

令心所向皆無礙
령 심 소 향 개 무 애

是故佛子應善聽
시 고 불 자 응 선 청

사경의 공덕은 십만억 부처님께 공양한 것과 같은 공덕이 있습니다.

我以少譬明佛境
아이소비명불경

十力功德不可量
십력공덕불가량

爲悟衆生今略說
위오중생금략설

導師所現於身業
도사소현어신업

語業心業諸境界
어업심업제경계

轉妙法輪般涅槃
전묘법륜반열반

一切善根我今說
일체선근아금설

譬如世界初安立 (비여세계초안립)
非一因緣而可成 (비일인연이가성)
無量方便諸因緣 (무량방편제인연)
成此三千大千界 (성차삼천대천계)
如來出現亦如是 (여래출현역여시)
無量功德乃得成 (무량공덕내득성)
剎塵心念尚可知 (찰진심념상가지)

十力生因莫能測 (십력생인막능측)
譬如劫初雲澍雨 (비여겁초운주우)
而起四種大風輪 (이기사종대풍륜)
衆生善根菩薩力 (중생선근보살력)
成此三千各安住 (성차삼천각안주)
十力法雲亦如是 (십력법운역여시)
起智風輪淸淨意 (기지풍륜청정의)

昔所迴向諸衆生 (석소회향제중생)
普導令成無上果 (보도령성무상과)
如有大雨名洪澍 (여유대우명홍주)
無有處所能容受 (무유처소능용수)
唯除世界將成時 (유제세계장성시)
淸淨虛空大風力 (청정허공대풍력)
如來出現亦如是 (여래출현역여시)

普雨法雨充法界(보우법우충법계)
一切劣意無能持(일체열의무능지)
唯除清淨廣大心(유제청정광대심)
譬如空中澍大雨(비여공중주대우)
無所從來無所去(무소종래무소거)
作者受者悉亦無(작자수자실역무)
自然如是普充洽(자연여시보충흡)

十力法雨亦如是
십력법우역여시

無去無來無造作
무거무래무조작

本行爲因菩薩力
본행위인보살력

一切大心咸聽受
일체대심함청수

譬如空雲澍大雨
비여공운주대우

一切無能數其滴
일체무능수기적

唯除三千自在王
유제삼천자재왕

具功德力悉明了 (구공덕력실명료)
善逝法雨亦如是 (선서법우역여시)
一切衆生莫能測 (일체중생막능측)
唯除於世自在人 (유제어세자재인)
明見如觀掌中寶 (명견여관장중보)
譬如空雲澍大雨 (비여공운주대우)
能滅能起亦能斷 (능멸능기역능단)

一切珍寶悉能成
일 체 진 보 실 능 성

三千所有皆分別
삼 천 소 유 개 분 별

十力法雨亦如是
십 력 법 우 역 여 시

滅惑起善斷諸見
멸 혹 기 선 단 제 견

一切智寶皆使成
일 체 지 보 개 사 성

衆生心樂悉分別
중 생 심 악 실 분 별

譬如空中雨一味
비 여 공 중 우 일 미

隨其所雨各不同 (수기소우각부동)
豈彼雨性有分別 (기피우성유분별)
然隨物異法如是 (연수물이법여시)
如來法雨非一異 (여래법우비일이)
平等寂靜離分別 (평등적정이분별)
然隨所化種種殊 (연수소화종종수)
自然如是無邊相 (자연여시무변상)

譬如世界初成時
비여세계초성시

先成色界天宮殿
선성색계천궁전

次及欲天次人處
차급욕천차인처

乾闥婆宮最後成
건달바궁최후성

如來出現亦如是
여래출현역여시

先起無邊菩薩行
선기무변보살행

次化樂寂諸緣覺
차화악적제연각

次聲聞衆後衆生
차성문중후중생

諸天初見蓮華瑞
제천초견연화서

知佛當出生歡喜
지불당출생환희

水緣風力起世間
수연풍력기세간

宮殿山川悉成立
궁전산천실성립

如來宿善大光明
여래숙선대광명

巧別菩薩與其記
교별보살여기기

所有智輪體皆淨 (소유지륜체개정)
各能開示諸佛法 (각능개시제불법)
譬如樹林依地有 (비여수림의지유)
地依於水得不壞 (지의어수득불괴)
水輪依風風依空 (수륜의풍풍의공)
而其虛空無所依 (이기허공무소의)
一切佛法依慈悲 (일체불법의자비)

慈悲復依方便立 (자비부의방편입)
方便依智智依慧 (방편의지지의혜)
無礙慧身無所依 (무애혜신무소의)
譬如世界旣成立 (비여세계기성립)
一切衆生獲其利 (일체중생획기리)
地水所住及空居 (지수소주급공거)
二足四足皆蒙益 (이족사족개몽익)

法王出現亦如是
법왕출현역여시

一切衆生獲其利
일체중생획기리

若有見聞及親近
약유견문급친근

悉使滅除諸惑惱
실사멸제제혹뇌

如來出現法無邊
여래출현법무변

世間迷惑莫能知
세간미혹막능지

爲欲開悟諸含識
위욕개오제함식

無譬喻中說其譬
무비유중설기비

佛子諸菩薩摩訶薩應云
불자제보살마하살응운

何見如來應正等覺身佛子
하견여래응정등각신불자

諸菩薩摩訶薩應於無量處
제보살마하살응어무량처

見如來身何以故諸菩薩摩
견여래신하이고제보살마

訶薩不應於一法一事一身
하살불응어일법일사일신

一國土一衆生見於如來應
일국토일중생견어여래응

徧一切處見於如來
변일체처견어여래

佛子譬如虛空徧至一切
불자비여허공변지일체

色非色處非至非不至何以
색비색처비지비부지하이

故虛空無身故如來身亦如
고허공무신고여래신역여

是徧一切處徧一切衆生徧
시변일체처변일체중생변

一切法徧一切國土非至非
일체법변일체국토비지비

不至何以故如來身無身故
부지하이고여래신무신고

爲衆生故示現其身佛子是
위중생고시현기신불자시

爲如來身第一相諸菩薩摩
위여래신제일상제보살마

訶薩應如是見復次佛子譬
하살응여시견부차불자비

如虛空寬廣非色而能顯現
여허공관광비색이능현현

一切諸色而彼虛空無有分
일체제색이피허공무유분

別亦無戱論如來身亦復如
별역무희론여래신역부여

是以智光明普照明故令一
시이지광명보조명고영일

사경의 공덕은 십만억 부처님께 공양한 것과 같은 공덕이 있습니다.

復 부	相 상	斷 단	來 래	別 별	皆 개	切 체
次 차	諸 제	故 고	一 일	亦 역	得 득	衆 중
佛 불	菩 보	佛 불	切 체	無 무	成 성	生 생
子 자	薩 살	子 자	執 집	戲 희	就 취	世 세
譬 비	摩 마	是 시	着 착	論 론	而 이	出 출
如 여	訶 하	爲 위	一 일	何 하	如 여	世 세
日 일	薩 살	如 여	切 체	以 이	來 래	間 간
出 출	應 응	來 래	戲 희	故 고	身 신	諸 제
於 어	如 여	身 신	論 론	從 종	無 무	善 선
閻 염	是 시	第 제	皆 개	本 본	有 유	根 근
浮 부	見 견	二 이	永 영	以 이	分 분	業 업

사경의 공덕은 십만억 부처님께 공양한 것과 같은 공덕이 있습니다.

量 량	子 자	以 이	蓮 연	木 목	破 파	提 제
事 사	如 여	故 고	華 화	成 성	闇 암	無 무
普 보	來 래	日 일	行 행	熟 숙	作 작	量 량
益 익	智 지	輪 륜	者 자	穀 곡	明 명	衆 중
衆 중	日 일	普 보	見 견	稼 가	變 변	生 생
生 생	亦 역	放 방	道 도	廓 곽	濕 습	皆 개
所 소	復 부	無 무	居 거	徹 철	令 영	得 득
謂 위	如 여	量 량	者 자	虛 허	燥 조	饒 요
滅 멸	是 시	光 광	辦 판	空 공	生 생	益 익
惡 악	以 이	故 고	業 업	開 개	長 장	所 소
生 생	無 무	佛 불	何 하	敷 부	草 초	謂 위

就 취	修 수	處 처	不 불	生 생	度 도	善 선
本 본	明 명	令 영	壞 괴	深 심	脫 탈	破 파
行 행	開 개	心 심	因 인	信 신	令 영	愚 우
何 하	敷 부	無 무	果 과	捨 사	其 기	爲 위
以 이	覺 각	礙 애	令 영	離 리	增 증	智 지
故 고	華 화	不 불	得 득	濁 탁	長 장	大 대
如 여	令 영	壞 괴	天 천	心 심	根 근	慈 자
來 래	其 기	善 선	眼 안	令 영	力 력	救 구
廣 광	發 발	根 근	見 견	得 득	覺 각	護 호
大 대	心 심	令 영	歿 몰	見 견	分 분	大 대
智 지	成 성	智 지	生 생	聞 문	令 영	悲 비

慧日身放無量光普照耀故
혜일신방무량광보조요고

佛子是爲如來身第三相諸
불자시위여래신제삼상제

菩薩摩訶薩應如是見復次
보살마하살응여시견부차

佛子譬如日出於閻浮提先
불자비여일출어염부제선

照一切須彌山等諸大山王
조일체수미산등제대산왕

次照黑山次照高原然後普
차조흑산차조고원연후보

照一切大地日不作念我先
조일체대지일부작념아선

사경의 공덕은 십만억 부처님께 공양한 것과 같은 공덕이 있습니다.

決 결	王 왕	先 선	界 계	等 등	高 고	照 조
定 정	次 차	照 조	智 지	覺 각	下 하	此 차
善 선	照 조	菩 보	輪 륜	亦 역	故 고	後 후
根 근	緣 연	薩 살	常 상	復 부	照 조	照 조
衆 중	覺 각	摩 마	放 방	如 여	有 유	於 어
生 생	次 차	訶 하	無 무	是 시	先 선	彼 피
隨 수	照 조	薩 살	礙 애	成 성	後 후	但 단
其 기	聲 성	等 등	智 지	就 취	如 여	以 이
心 심	聞 문	諸 제	慧 혜	無 무	來 래	山 산
器 기	次 차	大 대	光 광	邊 변	應 응	地 지
示 시	照 조	山 산	明 명	法 법	正 정	有 유

照 조	邪 사	當 당	如 여	來 래	乃 내	廣 광
無 무	定 정	先 선	來 래	利 이	至 지	大 대
礙 애	衆 중	照 조	大 대	益 익	邪 사	智 지
無 무	生 생	菩 보	智 지	因 인	定 정	然 연
障 장	但 단	薩 살	日 일	緣 연	亦 역	後 후
無 무	放 방	大 대	光 광	令 영	皆 개	普 보
所 소	光 광	行 행	不 부	成 성	普 보	照 조
分 분	明 명	乃 내	作 작	熟 숙	及 급	一 일
別 별	平 평	至 지	是 시	故 고	爲 위	切 체
佛 불	等 등	後 후	念 념	而 이	作 작	衆 중
子 자	普 보	照 조	我 아	彼 피	未 미	生 생

사경의 공덕은 십만억 부처님께 공양한 것과 같은 공덕이 있습니다.

是 시	第 제	種 종	諸 제	如 여	谷 곡	譬 비
見 견	四 사	種 종	衆 중	是 시	普 보	如 여
復 부	相 상	有 유	生 생	普 보	照 조	日 일
次 차	諸 제	異 이	根 근	照 조	無 무	月 월
佛 불	菩 보	佛 불	欲 욕	一 일	私 사	隨 수
子 자	薩 살	子 자	不 부	切 체	如 여	時 시
譬 비	摩 마	是 시	同 동	無 무	來 래	出 출
如 여	訶 하	爲 위	智 지	有 유	智 지	現 현
日 일	薩 살	如 여	慧 혜	分 분	慧 혜	大 대
出 출	應 응	來 래	光 광	別 별	亦 역	山 산
生 생	如 여	身 신	明 명	隨 수	復 부	幽 유

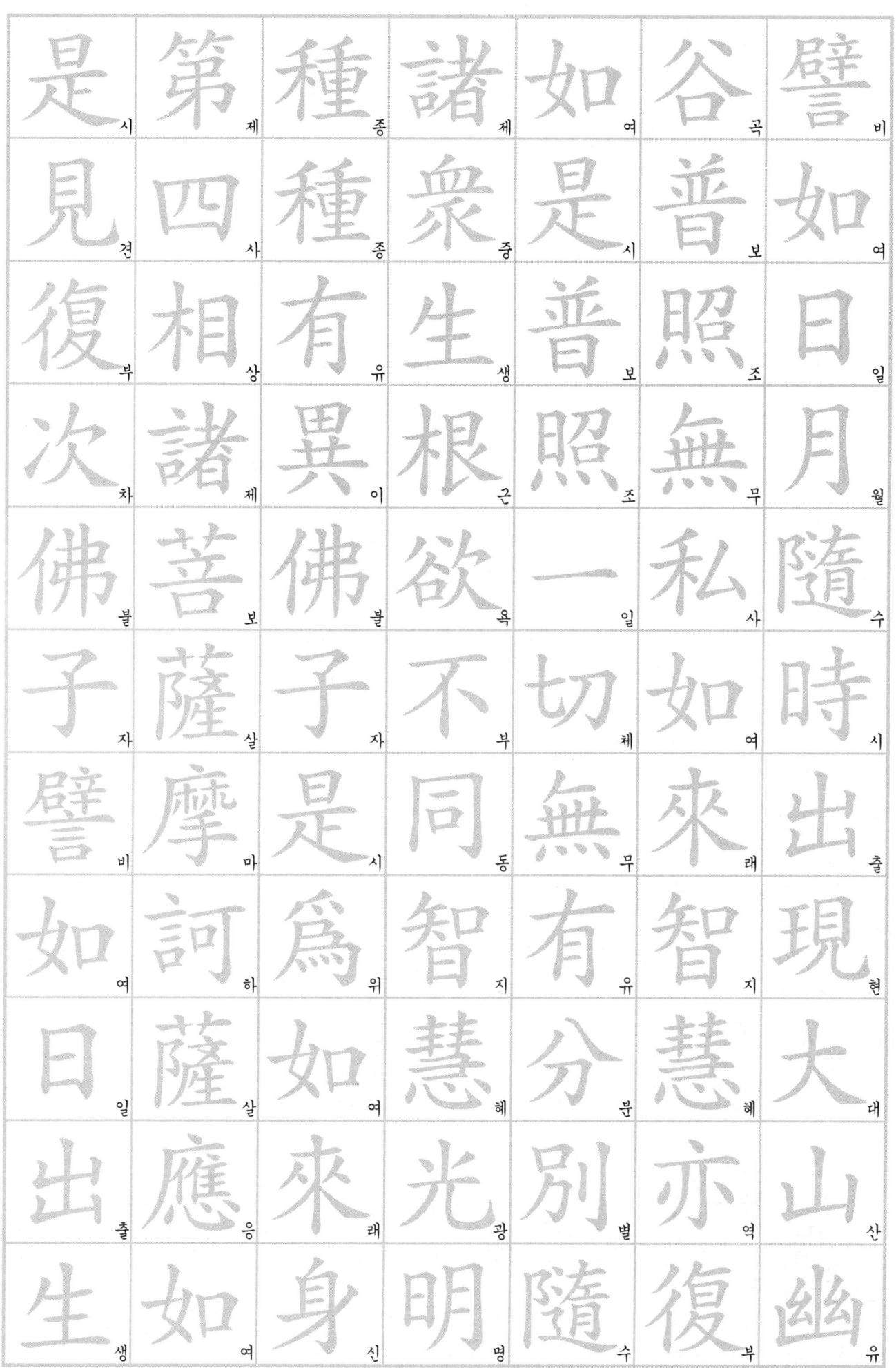

邪 사	復 부	調 조	節 절	益 익	雖 수	盲 맹
命 명	如 여	適 적	受 수	何 하	未 미	衆 중
自 자	是 시	離 이	用 용	以 이	曾 증	生 생
活 활	無 무	衆 중	種 종	故 고	見 견	無 무
生 생	信 신	患 환	種 종	因 인	然 연	眼 안
盲 맹	無 무	故 고	衣 의	此 차	爲 위	根 근
之 지	解 해	如 여	服 복	得 득	日 일	故 고
類 류	毁 훼	來 래	飮 음	知 지	光 광	未 미
無 무	戒 계	智 지	食 식	晝 주	之 지	曾 증
信 신	毁 훼	日 일	令 영	夜 야	所 소	得 득
眼 안	見 견	亦 역	身 신	時 시	饒 요	見 견

故不見諸佛智慧日輪雖不
고불견제불지혜일륜수불

見佛智慧日亦爲智日之
견불지혜일역위지일지

所饒益何以故以佛威力令
소요익하이고이불위력영

彼衆生所有身苦及諸煩惱
피중생소유신고급제번뇌

未來苦因皆消滅故
미래고인개소멸고

佛子如來有光明名積集
불자여래유광명명적집

一切功德有光明名普照一
일체공덕유광명명보조일

切 체	自 자	自 자	有 유	普 보	光 광	切 체
戲 희	在 재	在 재	光 광	解 해	明 명	有 유
論 론	普 보	境 경	明 명	一 일	名 명	光 광
自 자	照 조	界 계	名 명	切 체	出 출	明 명
在 재	有 유	有 유	示 시	語 어	大 대	名 명
智 지	光 광	光 광	現 현	言 언	妙 묘	清 청
有 유	明 명	明 명	永 영	法 법	音 음	淨 정
光 광	名 명	名 명	斷 단	令 영	有 유	自 자
明 명	永 영	無 무	一 일	他 타	光 광	在 재
名 명	斷 단	住 주	切 체	歡 환	明 명	照 조
隨 수	一 일	智 지	疑 의	喜 희	名 명	有 유

薩 살	方 방	普 보	如 여	衆 중	淸 청	所 소
衆 중	種 종	照 조	是 시	生 생	淨 정	應 응
其 기	種 종	下 하	等 등	佛 불	自 자	出 출
菩 보	刹 찰	方 방	千 천	子 자	在 재	妙 묘
薩 살	中 중	五 오	種 종	如 여	音 음	音 음
等 등	種 종	百 백	光 광	來 래	莊 장	聲 성
見 견	種 종	光 광	明 명	一 일	嚴 엄	有 유
此 차	佛 불	明 명	五 오	一 일	國 국	光 광
光 광	所 소	普 보	百 백	毛 모	土 토	明 명
明 명	諸 제	照 조	光 광	孔 공	成 성	名 명
一 일	菩 보	上 상	明 명	放 방	熟 숙	出 출

時(시) 皆(개) 得(득) 如(여) 來(래) 境(경) 界(계) 十(십) 頭(두) 十(십) 眼(안)

十(십) 耳(이) 十(십) 鼻(비) 十(십) 舌(설) 十(십) 身(신) 十(십) 手(수) 十(십)

足(족) 十(십) 地(지) 十(십) 智(지) 皆(개) 悉(실) 清(청) 淨(정) 彼(피) 諸(제)

菩(보) 薩(살) 先(선) 所(소) 成(성) 就(취) 諸(제) 處(처) 諸(제) 地(지) 見(견)

彼(피) 光(광) 明(명) 轉(전) 更(경) 清(청) 淨(정) 一(일) 切(체) 善(선) 根(근)

皆(개) 悉(실) 成(성) 熟(숙) 趣(취) 一(일) 切(체) 智(지) 住(주) 二(이) 乘(승)

者(자) 滅(멸) 一(일) 切(체) 垢(구) 其(기) 餘(여) 一(일) 分(분) 生(생) 盲(맹)

사경의 공덕은 십만억 부처님께 공양한 것과 같은 공덕이 있습니다.

生 생	知 지	人 인	樂 락	畜 축	軟 연	衆 중
此 차	以 이	間 간	解 해	生 생	調 조	生 생
彼 피	何 하	佛 불	脱 탈	諸 제	伏 복	身 신
生 생	因 인	子 자	衆 중	趣 취	堪 감	旣 기
盲 맹	緣 연	彼 피	苦 고	所 소	修 수	快 쾌
者 자	以 이	諸 제	命 명	有 유	念 염	樂 락
作 작	何 하	衆 중	終 종	衆 중	智 지	心 심
如 여	神 신	生 생	皆 개	生 생	地 지	亦 역
是 시	力 력	不 불	生 생	皆 개	獄 옥	清 청
念 념	而 이	覺 각	天 천	得 득	餓 아	淨 정
我 아	來 래	不 부	上 상	快 쾌	鬼 귀	柔 유

知 지	衆 중	作 작	亦 역	音 음	住 주	是 시
宿 숙	生 생	皆 개	非 비	而 이	普 보	梵 범
命 명	聞 문	是 시	梵 범	告 고	自 자	天 천
生 생	是 시	如 여	化 화	之 지	在 재	我 아
大 대	語 어	來 래	亦 역	言 언	三 삼	是 시
歡 환	已 이	威 위	非 비	汝 여	昧 매	梵 범
喜 희	以 이	神 신	帝 제	等 등	出 출	化 화
心 심	佛 불	之 지	釋 석	非 비	六 육	是 시
歡 환	神 신	力 력	護 호	是 시	十 십	時 시
喜 희	力 력	彼 피	世 세	梵 범	種 종	如 여
故 고	皆 개	諸 제	所 소	天 천	妙 묘	來 래

사경의 공덕은 십만억 부처님께 공양한 것과 같은 공덕이 있습니다.

與 여	故 고	皆 개	雲 운	香 향	樂 악	自 자
彼 피	此 차	以 이	歌 가	雲 운	雲 운	然 연
授 수	諸 제	尊 존	詠 영	寶 보	衣 의	而 이
阿 아	衆 중	重 중	讚 찬	雲 운	雲 운	出 출
耨 녹	生 생	心 심	歎 탄	師 사	蓋 개	優 우
多 다	得 득	供 공	雲 운	子 자	雲 운	曇 담
羅 라	淨 정	養 양	種 종	幢 당	幢 당	華 화
三 삼	眼 안	如 여	種 종	半 반	雲 운	雲 운
藐 먁	故 고	來 래	莊 장	月 월	幡 번	香 향
三 삼	如 여	何 하	嚴 엄	樓 누	雲 운	雲 운
菩 보	來 래	以 이	雲 운	閣 각	末 말	音 음

提(리)記(기)

佛(불)子(자)如(여)來(래)智(지)日(일)如(여)是(시)利(이)益(익)

生(생)盲(맹)衆(중)生(생)令(영)得(득)善(선)根(근)具(구)足(족)成(성)

熟(숙)佛(불)子(자)是(시)爲(위)如(여)來(래)身(신)第(제)五(오)相(상)

諸(제)菩(보)薩(살)摩(마)訶(하)薩(살)應(응)如(여)是(시)見(견)復(부)

次(차)佛(불)子(자)譬(비)如(여)月(월)輪(륜)有(유)四(사)奇(기)特(특)

未(미)曾(증)有(유)法(법)何(하)等(등)爲(위)四(사)一(일)者(자)暎(영)

사경의 공덕은 십만억 부처님께 공양한 것과 같은 공덕이 있습니다.

特 특	如 여	輪 륜	一 일	提 제	於 어	蔽 폐
未 미	來 래	無 무	切 체	澄 징	時 시	一 일
曾 증	身 신	有 유	見 견	淨 정	示 시	切 체
有 유	月 월	分 분	者 자	水 수	現 현	星 성
法 법	亦 역	別 별	皆 개	中 중	虧 휴	宿 수
何 하	復 부	無 무	對 대	影 영	盈 영	光 광
等 등	如 여	有 유	目 목	無 무	三 삼	明 명
爲 위	是 시	戲 희	前 전	不 불	者 자	二 이
四 사	有 유	論 론	而 이	現 현	於 어	者 자
所 소	四 사	佛 불	此 차	四 사	閻 염	隨 수
謂 위	奇 기	子 자	月 월	者 자	浮 부	逐 축

暎蔽一切聲聞獨覺學無學
영폐일체성문독각학무학

衆隨其所宜示現壽命修短
중수기소의시현수명수단

不同而如來身無有增減一
부동이여래신무유증감일

切世界淨心衆生菩提器中
체세계정심중생보리기중

影無不現一切衆生有瞻對
영무불현일체중생유첨대

者皆謂如來唯現我前隨其
자개위여래유현아전수기

心樂而爲說法隨其地位令
심악이위설법수기지위령

王 왕	譬 비	摩 마	是 시	論 론	而 이	得 득
以 이	如 여	訶 하	爲 위	所 소	如 여	解 해
少 소	三 삼	薩 살	如 여	作 작	來 래	脫 탈
方 방	千 천	應 응	來 래	利 이	身 신	隨 수
便 편	大 대	如 여	身 신	益 익	無 무	所 소
於 어	千 천	是 시	第 제	皆 개	有 유	應 응
大 대	世 세	見 견	六 육	得 득	分 분	化 화
千 천	界 계	復 부	相 상	究 구	別 별	令 영
世 세	大 대	次 차	諸 제	竟 경	無 무	見 견
界 계	梵 범	佛 불	菩 보	佛 불	有 유	佛 불
普 보	天 천	子 자	薩 살	子 자	戲 희	身 신

現其身一切衆生皆見梵王
현 기 신 일 체 중 생 개 견 범 왕

現在已前而此梵王亦不分
현 재 이 전 이 차 범 왕 역 부 분

身無種種身佛子諸佛如來
신 무 종 종 신 불 자 제 불 여 래

亦復如是無有分別無有戲
역 부 여 시 무 유 분 별 무 유 희

論亦不分身無種種身而隨
론 역 불 분 신 무 종 종 신 이 수

一切衆生心樂示現其身亦
일 체 중 생 심 락 시 현 기 신 역

不作念現若干身
부 작 념 현 약 간 신

佛子是爲如來身第七相
불자시위여래신제칠상

諸菩薩摩訶薩應如是知復
제보살마하살응여시지부

次佛子譬如醫王善知衆藥
차불자비여의왕선지중약

及諸呪論閻浮提中諸所有
급제주론염부제중제소유

藥用無不盡復以宿世諸善
약용무부진부이숙세제선

根力大明呪力爲方便故衆
근력대명주력위방편고중

生見者病無不愈彼大醫王
생견자병무불유피대의왕

知 지 命 명 將 장 終 종 作 작 是 시 念 염 言 언 我 아 命 명 終 종

後 후 一 일 切 체 衆 중 生 생 無 무 所 소 依 의 怙 호 我 아 今 금

宜 의 應 응 爲 위 現 현 方 방 便 편 是 시 時 시 醫 의 王 왕 合 합

藥 약 塗 도 身 신 明 명 呪 주 力 력 持 지 今 금 其 기 終 종 後 후

身 신 不 불 分 분 散 산 不 불 萎 위 不 불 枯 고 威 위 儀 의 視 시

聽 청 與 여 本 본 無 무 別 별 凡 범 所 소 療 요 治 치 悉 실 得 득

除 재 差 차 佛 불 子 자 如 여 來 래 應 응 正 정 等 등 覺 각 無 무

有 유	壽 수	滅 멸	大 대	得 득	千 천	上 상
思 사	命 명	一 일	明 명	成 성	億 억	醫 의
慮 려	經 경	切 체	呪 주	就 취	那 나	王 왕
無 무	無 무	衆 중	力 력	修 수	由 유	亦 역
有 유	量 량	生 생	皆 개	學 학	他 타	復 부
動 동	劫 겁	諸 제	到 도	一 일	劫 겁	如 여
用 용	其 기	煩 번	彼 피	切 체	鍊 동	是 시
一 일	身 신	惱 뇌	岸 안	方 방	治 치	於 어
切 체	淸 청	病 병	善 선	便 편	法 법	無 무
佛 불	淨 정	及 급	能 능	善 선	藥 약	量 량
事 사	無 무	住 주	除 제	巧 교	已 이	百 백

未嘗休息衆生見者諸煩惱
미상휴식중생견자제번뇌

病悉得消滅
병실득소멸

佛子是爲如來身第八相
불자시위여래신제팔상

諸菩薩摩訶薩應如是見復
제보살마하살응여시견부

次佛子譬如大海有大摩尼
차불자비여대해유대마니

寶名集一切光明毘盧遮那
보명집일체광명비노차나

藏若有衆生觸其光者悉同
장약유중생촉기광자실동

사경의 공덕은 십만억 부처님께 공양한 것과 같은 공덕이 있습니다.

光 광	藏 장	爲 위	適 적	名 명	彼 피	其 기
者 자	若 약	大 대	佛 불	爲 위	光 광	色 색
同 동	有 유	寶 보	子 자	安 안	明 명	若 약
佛 불	衆 중	聚 취	諸 제	樂 악	所 소	有 유
身 신	生 생	一 일	如 여	令 영	照 조	見 견
色 색	觸 촉	切 체	來 래	諸 제	之 지	者 자
若 약	佛 불	功 공	身 신	衆 중	處 처	眼 안
有 유	身 신	德 덕	亦 역	生 생	雨 우	得 득
見 견	寶 보	大 대	復 부	離 이	摩 마	淸 청
者 자	智 지	智 지	如 여	苦 고	尼 니	淨 정
法 법	慧 혜	慧 혜	是 시	調 조	寶 보	隨 수

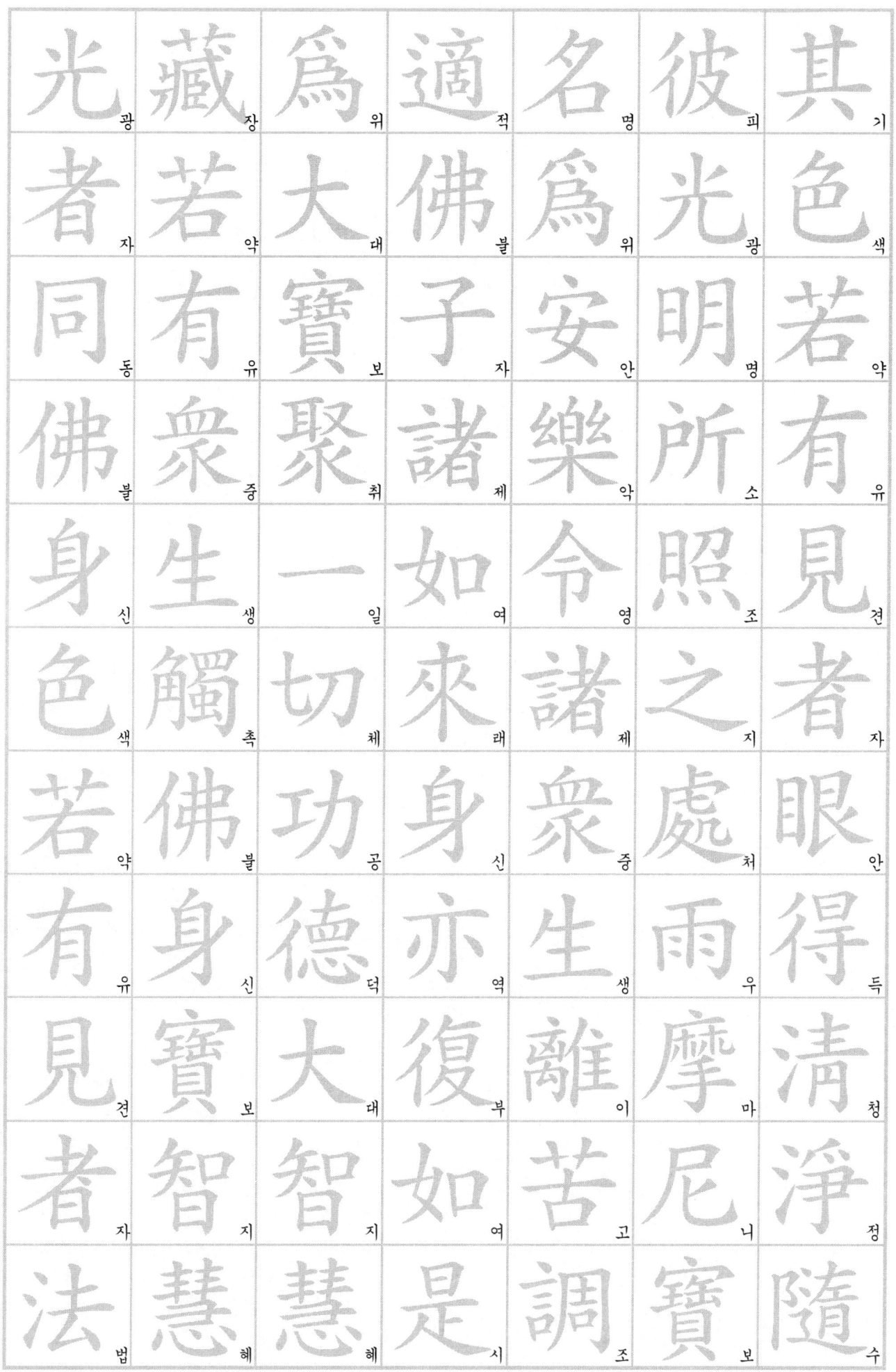

眼清淨隨彼光明所照之處
안청정수피광명소조지처

令諸衆生離貧窮苦乃至具
영제중생이빈궁고내지구

足佛菩提樂佛子如來法身
족불보리낙불자여래법신

無所分別亦無戲論而能普
무소분별역무희론이능보

爲一切衆生作大佛事佛子
위일체중생작대불사불자

是爲如來身第九相諸菩薩
시위여래신제구상제보살

摩訶薩應如是見復次佛子
마하살응여시견부차불자

譬如大海有大如意摩尼寶
비여대해유대여의마니보

王名一切世間莊嚴藏具足
왕명일체세간장엄장구족

成就百萬功德隨所住處令
성취백만공덕수소주처령

諸衆生災患消除所願滿足
제중생재환소제소원만족

然此如意摩尼寶王非少福
연차여의마니보왕비소복

衆生所能得見如來身如意
중생소능득견여래신여의

寶王亦復如是名爲能令一
보왕역부여시명위능령일

사경의 공덕은 십만억 부처님께 공양한 것과 같은 공덕이 있습니다.

切衆生皆悉歡喜若有見身
체중생개실환희약유견신

聞名讚德悉令永離生死苦
문명찬덕실영영이생사고

患假使一切世界一切衆生
환가사일체세계일체중생

一時專心欲見如來悉令得
일시전심욕견여래실영득

見所願皆滿佛子佛身非是
견소원개만불자불신비시

少福衆生所能得見唯除如
소복중생소능득견유제여

來自在神力所應調伏若有
래자재신력소응조복약유

사경의 공덕은 십만억 부처님께 공양한 것과 같은 공덕이 있습니다.

衆중 生생 因인 見견 佛불 身신 便편 種종 善선 根근 乃내
至지 成성 熟숙 爲위 成성 熟숙 故고 乃내 令영 得득 見견
如여 來래 身신 耳이
佛불 子자 是시 爲위 如여 來래 身신 第제 十십 相상
諸제 菩보 薩살 摩마 訶하 薩살 應응 如여 是시 見견 以이
其기 心심 無무 量량 徧변 十시 方방 故고 所소 行행 無무
礙애 如여 虛허 空공 普보 入입 法법 界계 故고 住주

眞진 實실 際제 故고 無무 生생 無무 滅멸 故고 等등 住주
三삼 世세 故고 永영 離리 一일 切체 分분 別별 故고 住주
盡진 後후 際제 誓서 願원 故고 嚴엄 淨정 一일 切체 世세
界계 故고 莊장 嚴엄 一일 一일 佛불 身신 故고

爾이 時시 普보 賢현 菩보 薩살 摩마 訶하 薩살 欲욕
重중 明명 此차 義의 而이 說설 頌송 言언

譬비 如여 虛허 空공 徧변 十시 方방

若色非色有非有 (약색비색유비유)
三世衆生身國土 (삼세중생신국토)
如是普在無邊際 (여시보재무변제)
諸佛眞身亦如是 (제불진신역여시)
一切法界無不徧 (일체법계무불변)
不可得見不可取 (불가득견불가취)
爲化衆生而現形 (위화중생이현형)

譬如虛空不可取 (비여허공불가취)
普使衆生造衆業 (보사중생조중업)
不念我今何所作 (불념아금하소작)
云何我作爲誰作 (운하아작위수작)
諸佛身業亦如是 (제불신업역여시)
普使群生修善法 (보사군생수선법)
如來未曾有分別 (여래미증유분별)

我(아)今(금)於(어)彼(피)種(종)種(종)作(작)
譬(비)如(여)日(일)出(출)闇(염)浮(부)提(제)
光(광)明(명)破(파)闇(암)悉(실)無(무)餘(여)
山(산)樹(수)池(지)蓮(연)地(지)衆(중)物(물)
種(종)種(종)品(품)類(류)皆(개)蒙(몽)益(익)
諸(제)佛(불)日(일)出(출)亦(역)如(여)是(시)
生(생)長(장)人(인)天(천)衆(중)善(선)行(행)

永除癡闇得智明 (영제치암득지명)
恒受尊榮一切樂 (항수존영일체악)
譬如日光出現時 (비여일광출현시)
先照山王次餘山 (선조산왕차여산)
後照高原及大地 (후조고원급대지)
而日未始有分別 (이일미시유분별)
善逝光明亦如是 (선서광명역여시)

先照菩薩次緣覺 (선조보살차연각)

後照聲聞及衆生 (후조성문급중생)

而佛本來無動念 (이불본래무동념)

譬如生盲不見日 (비여생맹불견일)

日光亦爲作饒益 (일광역위작요익)

令知時節受飲食 (영지시절수음식)

永離衆患身安隱 (영이중환신안은)

無信衆生不見佛
무신중생불견불

而佛亦爲興義利
이불역위흥의리

聞名及以觸光明
문명급이촉광명

因此乃至得菩提
인차내지득보리

譬如淨月在虛空
비여정월재허공

能蔽衆星示盈缺
능폐중성시영결

一切水中皆現影
일체수중개현영

諸有觀瞻悉對前
如來淨月亦復然
能蔽餘乘示修短
普現天人淨心水
一切皆謂對其前
譬如梵王住自宮
普現三千諸梵處

一切人天咸得見
일체인천함득견

實不分身向於彼
실불분신향어피

諸佛現身亦如是
제불현신역여시

一切十方無不徧
일체시방무불변

其身無數不可稱
기신무수불가칭

亦不分身不分別
역불분신불분별

如有醫王善方術
여유의왕선방술

若(약)有(유)見(견)者(자)病(병)皆(개)愈(유)

命(명)雖(수)已(이)盡(진)藥(약)塗(도)身(신)

令(영)其(기)作(작)務(무)悉(실)如(여)初(초)

最(최)勝(승)醫(의)王(왕)亦(역)如(여)是(시)

具(구)足(족)方(방)便(편)一(일)切(체)智(지)

以(이)昔(석)妙(묘)行(행)現(현)佛(불)身(신)

衆(중)生(생)見(견)者(자)煩(번)惱(뇌)滅(멸)

譬如海中有寶王
비여해중유보왕

普出無量諸光明
보출무량제광명

衆生觸者同其色
중생촉자동기색

若有見者眼清淨
약유견자안청정

最勝寶王亦如是
최승보왕역여시

觸其光者悉同色
촉기광자실동색

若有得見五眼開
약유득견오안개

破諸塵闇住佛地 (파제진암주불지)
譬如如意摩尼寶 (비여여의마니보)
隨有所求皆滿足 (수유소구개만족)
少福衆生不能見 (소복중생불능견)
非是寶王有分別 (비시보왕유분별)
善逝寶王亦如是 (선서보왕역여시)
悉滿所求諸欲樂 (실만소구제욕낙)

無무信신衆중生생不불見견佛불

非비是시善선逝서心심棄기捨사

發 願 文

귀의 삼보하옵고
거룩하신 부처님께 발원하옵나이다.

주 소 : ______________________________

전 화 : ______________ 불명 : ______ 성명 : ______

불기 25 ________ 년 ________ 월 ________ 일